마르크 샤갈

사라 바르테르 글 · 오렐리 그랑 그림 | 이세진 옮김

비룡소

1887년

마르크 샤갈의 그림이 궁금해!

마르크 샤갈은 1887년 7월 7일에 당시 러시아에 있던 작은 마을인 **비텝스크**에서 태어났어요. 원래 이름은 모이셰 사갈로프이고, 유대교를 믿는 **유대인 집안**의 장남이었어요. 마르크는 자연에 둘러싸인 시골에서 남동생 하나, 여동생 일곱과 함께 자랐어요. 동물들도 늘 곁에 있었지요. 그의 가족은 부유하지는 않았지만, 서로 간에 정이 두터웠고 마을 축제에도 즐겨 참여했답니다.

마르크의 가족은 음악을 좋아했어요. 부모님은 그에게 바이올린을 배우게 했지만, 마르크는 그림 그리는 게 더 좋았어요. 그래서 학교를 졸업한 뒤 어느 화가의 작업실에서 그림을 배우며 **화가**가 되겠다고 마음먹었지요!

1906년

미술 학교, 그리고 헤르빈의 죽음

마르크는 러시아의 도시 상트페테르부르크로 건너가 유명한 **미술 학교** 두 곳에서 그림을 배웠어요. 특히 회화*에서 유명한 클로드 모네, 빈센트 반 고흐, 폴 고갱 등의 화풍*을 공부했지요. 마르크는 프랑스의 파리에 가서 그들의 작품을 직접 보고 싶었어요. 유명한 화가들이 활동하는 파리로 언젠가는 꼭 가야겠다고 생각했지요.

1909년, 스물두 살의 마르크는 친구 집에 갔다가 벨라를 처음 만났어요. 예쁘고 똑똑한 대학생이었던 벨라는 마르크와 같은 비텝스크 출신이었어요. 두 사람 모두 미술과 연극을 사랑했지요. 마르크는 벨라에게 **첫눈에 반했어요**! 화가가 되고 싶은 꿈과 사랑하는 사람이 생긴 마르크는 온 세상이 아름다운 장밋빛으로 보일 만큼 행복했답니다.

1910년

드디어 파리로!

얼마 지나지 않아 마르크는 어느 부유한 미술 애호가의 후원을 받아 파리로 갔어요. 그는 벨라에게 곧 돌아오겠다고 약속했지요. 파리에는 전 세계에서 온 화가 수십 명의 화실을 모아 놓은 건물이 있었어요. 마르크도 그곳에 머물렀지요.

파리에서 마르크는 미술관을 맘껏 돌아봤어요. 특히 그는 피카소처럼 여러 가지 도형으로 현실을 표현하는 **입체파***에게서 영감을 얻었어요. 그래서 삼각형이나 원처럼 단순한 모양으로 그림을 그리기 시작했지요.

8

러시아의 전통적인 통나무집인 이즈바와 농부, 동물이 보이지? 마르크 샤갈은 행복했던 어린 시절을 보낸 시골 마을을 떠올리며 이 그림을 그렸어.

그는 현실과 꿈이 묘하게 섞여 있는 그림을 좋아했나 봐. 염소와 마주 보는 자기 얼굴을 초록색으로 그렸어.

「나와 마을」
1911년, 캔버스에 유채*, 192.1×151.4cm, 뉴욕 현대 미술관, 미국 뉴욕

1912년

전시회를 열다

마르크는 당시에 파리에서 활발히 활동하던 화가들의 화풍을 보며 **강렬한 색채**가 좋아졌어요. 점점 더 파란색, 초록색, 빨간색, 노란색을 자주 쓰게 되었지요.

그는 파리의 이름난 박물관인 그랑 팔레에서 다른 화가, 조각가 들과 함께 작품을 전시했어요. 1914년에는 독일 베를린의 권위 있는 화랑에서 단독 전시회를 열었지요. 결과는 대성공이었답니다!

마르크 샤갈은 파리의 에펠탑과 구름에 둘러싸인 그리운 고향 비텝스크 사이에 자신의 모습을 그렸어.

화가의 왼손을 봐. 손가락이 일곱 개야. 유대인들이 자주 쓰는 표현 중에 '일곱 손가락으로 일한다.'라는 말이 있어. 최선을 다해 열심히 일한다는 뜻이야.

「일곱 손가락의 자화상」
1912-1913년, 캔버스에 유채, 135.5×117cm, 암스테르담 시립 미술관, 네덜란드 암스테르담

1914년

비텝스크의 행복한 가족

마르크는 1914년에 비텝스크로 돌아가 벨라와 다시 만났어요.
그들은 이듬해 **결혼**해서 딸 이다를 낳았지요.

마르크는 벨라와 이다를 자주 그렸어요. 가정을 꾸리니 무척 행복했지요.
그는 **꿈과 감정**을 담아 한층 더 부드러운 형태로 그림을 그렸어요. 현실을 그대로 재현하기보다는 자신의 느낌과 상상을 꿈꾸듯 표현하고자 했지요.

마르크 샤갈은 자기 생일날 벨라가 꽃다발을 들고 찾아왔던 추억을 그렸어.

입을 맞추며 몸이 공중으로 두둥실 떠오른 모습으로 부부가 서로 깊이 사랑하는 마음을 표현한 거야.

「생일」
1915년, 마분지에 유채, 80.6×99.7cm, 뉴욕 현대 미술관, 미국 뉴욕

1917년

미술 들러싸우다

마르크는 비텝스크에서 무료로 미술을 가르치는 학교를 세우고 **교장**이 되었어요. 처음 시작은 좋았지만, 그가 현실의 사물과 너무 비슷하게 그림을 그린다고 못마땅해하는 교수들과 마찰을 빚었어요. 당시에는 실제 사물의 모양과 색깔을 직접적으로 드러내지 않는 추상화*가 인기였거든요.

마르크는 인물, 풍경, 동물을 그릴 때 크기나 형태, 색깔이 실제와 다를지라도 무엇인지 알아볼 수 있게 그리려 했어요. 결국 그는 교장직을 그만두었지요.

마르크 샤갈은
유대인의 전통 음악을
연주하는 바이올리니스트를
그렸어. 유대인 문화를
자랑스럽게 생각했으니까!

초록색 얼굴의 거대한
연주자가 소인국처럼
보이는 러시아 마을
위에 떠 있어. 현실과
다르게 크기를 과장해서
그린 게 참 독창적이지?

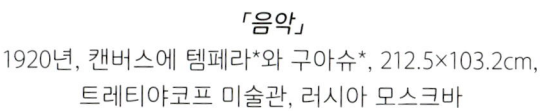

「음악」
1920년, 캔버스에 템페라*와 구아슈*, 212.5×103.2cm,
트레티야코프 미술관, 러시아 모스크바

15

1923년

풍경과 가족에게서 영감 얻다

마르크는 러시아의 모스크바와 독일의 베를린에 머물다가, 1923년에 벨라와 이다를 데리고 **프랑스**에 정착했어요. 그는 프랑스의 아름다운 풍경을 보며 깊은 영감을 받았어요. 뚜렷하지 않은 형태와 밝은 파스텔 색으로 자연을 표현하기 시작했지요.

파리의 유명한 그림 장수였던 앙브루아즈 볼라르는 마르크에게 그림을 여러 점 주문했어요. 마르크는 프랑스에서 아내와 딸과 함께 지내며 마음이 많이 편안해졌어요. 또 가족에게서 예술적 영감도 얻었지요.

여덟 살 때 이다의 모습이야. 프랑스 브리타니 지방의 브레아섬에 가족 여행을 갔을 때를 떠올리며 그린 작품이래.

마르크 샤갈은 색을 얼룩지게 해서 형태를 잡고, 윤곽선을 거의 드러내지 않았어. 이런 그림은 흐릿하면서 부드러운 인상을 줘.

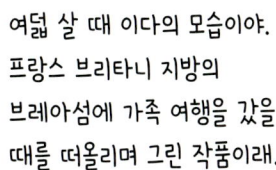

「창가의 이다」
1924년, 캔버스에 유채, 112×82.5cm, 암스테르담 시립 미술관, 네덜란드 암스테르담

1926년

마르크는 앙브루아즈 볼라르한테 주문을 받아서, 서커스를 주제로 한 구아슈 작품을 여러 점 그렸어요. 볼라르는 파리에서 열리는 서커스에 마르크를 자주 초대해서 **무대 위의 예술가**를 잘 그릴 수 있도록 도왔지요.

마르크는 화려한 색채와 흥겨운 음악과 재미난 익살이 가득한 서커스를 좋아했어요. 이후에도 서커스를 주제로 여러 작품을 그렸지요. 화려한 의상을 입고 공중그네를 타는 거대한 인물을 그린 「곡예사」도 그중 하나예요.

마르크 샤갈은
물감으로 두텁게 점을
찍어서 얼룩덜룩한
옷을 표현했어. 진짜
옷감처럼 보여서 손으로
만져 보고 싶은걸!

하늘에 떠오른
남자의 얼굴이
곡예사에게 입맞춤하고
있어. 곡예사는
사랑하는 사람을
꿈속에서 만난 걸까?

「곡예사」
1930년, 캔버스에 유채, 117×73.5cm, 마르크 샤갈 국립 박물관, 프랑스 니스

19

1937년

괴롭힘이 시작되다

마르크는 유명해졌고 세계 곳곳에서 전시회를 열었어요. 그러나 유럽은 그와 같은 유대인들이 점점 더 살기 힘든 곳으로 변해 갔어요. 아돌프 히틀러가 독일에서 권력을 잡고 유대인을 **탄압**했거든요. 추상화를 그리는 현대 미술 화가와 입체파 화가들도 작품을 빼앗기거나 괴롭힘을 당했어요.

이때 마르크의 불안한 심정은 작품에 그대로 담겼어요. 작품 주제는 우울했고, 색채도 어두워졌지요. 1939년에 제2차 세계 대전이 터지고 독일군이 프랑스를 점령하자, 그는 가족과 함께 피난을 가야 했어요.

이 그림은 십자가에 못 박힌 예수를 그린 거야. 기독교를 탄생시킨 예수도 부당하게 괴롭힘을 당하고 고통을 겪었지.

십자가 오른쪽의 군인은 종교 행사 중인 유대교 회당에 불을 지르고 있어. 살아남은 유대인들은 도망치기 바쁘지. 모두 마르크 샤갈 자신의 두려움과 반감을 표현한 거야.

「하얀 십자가」
1938년, 캔버스에 유채, 154.6×140cm, 시카고 아트 인스티튜트, 미국 시카고

1941년

마르크는 벨라와 함께 미국의 뉴욕으로 몸을 피했어요. 그는 편안함을 되찾아 창작과 전시 활동에 몰두했지요. 평소 음악과 공연을 사랑했던 마르크는 뉴욕의 유명한 발레단에서 하는 공연 「알레코」에 필요한 4개의 무대와 70여 벌의 의상을 디자인하기로 했답니다.

그런데 1944년에 사랑하는 아내 벨라가 갑자기 병으로 세상을 떠났어요.
슬픔과 불행에 빠진 마르크의 삶은 송두리째 흔들렸지요.

발레 「알레코」를 위한 무대 축소 모형: 달빛 아래의 알레코와 젬피라(제1막)
1942년, 종이에 구아슈와 연필, 38.4×57.2cm, 뉴욕 현대 미술관, 미국 뉴욕

1950년

프로방스에서 맞은 새 삶

마르크는 전쟁이 끝나고 프랑스로 돌아갔어요. 1950년에 그는 프랑스의 동남쪽 지방인 프로방스에 집을 사고, 근처에 살던 파블로 피카소나 앙리 마티스 같은 예술가를 초대하곤 했어요. 그에게 새로운 삶이 시작되었지요!

마르크는 음악가, 무용수, 곡예사, 그리고 환상적인 인물들을 익살스럽고 유쾌하게 그렸어요. 그의 그림은 색채가 선명했고, 그림 속 인물들은 살아 움직이는 듯했어요.

독특하게 생긴 바이올리니스트가 보이지? 그리스 신화에 나오는 미노타우로스야. 사람의 몸에 소의 머리를 가진 괴물이지.

팔레트를 들고 보랏빛 수탉 옆에 있는 사람이 마르크 샤갈이야. 그에게 수탉은 창의성과 새로움을 뜻해.

「춤」
1950년, 캔버스에 유채, 238×176cm, 마르크 샤갈 국립 박물관, 프랑스 니스

1952년

도자기 빚는 재미

마르크는 1952년에 러시아 출신의 유대인인 발렌티나를 만나 재혼했어요.
이 무렵 그는 피카소와 같은 공방에서 **도자기 공예**를 시작했어요.
흙으로 도자기를 빚고, 굽고, 그 위에 그림을 그렸지요. 그는 자기가 직접
만든 물건에 그림을 그려 넣는 작업을 무척 좋아했답니다.

마르크는 스테인드글라스, 판화*, 조각,
모자이크화*도 열정적으로 작업했어요.
예순다섯 살이 넘어서도 여전히 **새로운 예술 방식**에
관심을 갖고 작업했지요.

달빛 아래에서 연인이 뱃놀이를 하고 있어. 마르크 샤갈은 염소를 아주 좋아해서, 남자의 머리를 염소로 그렸지.

꽃병을 입체감 있게 보이려고 파란색과 노란색이 대비되도록 칠하고, 반들거리는 유약*을 발랐어.

「꿈」
1952년, 흰 점토로 만든 꽃병, 유약을 발라 산화 번조*,
33.7×23.3×23.3cm, 개인 소장

1958년

신앙하게 빛나는 스테인드글라스

마르크는 유리라는 독특한 재료로 멋진 작품을 많이 만들었어요. 프랑스 정부는 그에게 **메스 대성당**에 스테인드글라스를 만들어 달라고 했지요. 이름난 스테인드글라스 장인인 샤를 마르크와 브리지트 시몽이 함께 만들었답니다.

마르크가 선으로 그린 그림을 바탕으로 세 사람은 함께 유리에 색을 입히고, 조각조각 자르고, 그림을 그리고, 조각들을 맞추며 스테인드글라스를 만들었어요. 마르크는 스테인드글라스를 통과하는 빛의 색과 특별한 아름다움을 사랑했어요.

28

구약 성경의 중요한 다섯 인물이 담긴 작품이야. 구약 성경은 기독교와 유대교의 가르침을 담은 책이지.

마르크 샤갈은 자기 그림에서처럼 빨강, 보라, 파랑 등 선명하고 화려한 색으로 스테인드글라스를 장식했어.

「아브라함, 야곱, 모세, 요셉, 노아」
1958-1968년, 스테인드글라스, 메스 대성당, 프랑스 메스

1961년

성경 이야기 속 환상여행

성경에는 신이 어떻게 이 세상과 인간을 만들었는지, 인간과 신은 어떤 관계인지에 대한 이야기가 담겨 있어요. 마르크는 어릴 적부터 성경의 환상적인 이야기에 흠뻑 빠져서 꿈을 꾸기도 했어요. 특히 노아의 방주 이야기는 그가 즐겨 그리는 주제였지요.

마르크는 평생 **성경의 이야기**를 주제로 그림을 즐겨 그렸어요. 그가 사는 프로방스의 작은 마을 생폴드방스의 예배당을 장식하기 위해, 대형 작품 17점을 10여 년간 그리기도 했지요.

큰물이 땅을 덮쳐서 사방이 온통 푸른색이야. 그 가운데 노란 사슴, 붉은 염소, 하얀 암소가 눈에 띄어.

노아의 방주 이야기에서 신은 인간을 벌하기 위해 홍수를 일으켰어. 그리고 노아에게 거대한 네모 모양의 배를 만들어 동물을 종류별로 암수 한 쌍씩 태우라고 명령했지.

「노아의 방주」
1961-1966년, 캔버스에 유채, 236×234cm, 마르크 샤갈 국립 박물관, 프랑스 니스

1963년

공연장의 눈부신 천장화

일흔여섯 살에도 마르크는 그 어느 때보다 창의적인 예술가였어요. 프랑스의 문화부 장관은 그에게 파리의 오페라 극장인 **오페라 가르니에**의 둥근 천장을 장식해 달라고 했어요. 음악과 발레 공연을 하는 장소를 아름답게 꾸미는 일은 마르크에게도 가슴 뛰는 일이었지요!

그는 조수들과 함께 테니스장만큼 넓고 큰 천장에 **둥근 모양의 천장화**를 그렸어요. 모차르트 같은 클래식 음악 작곡가들에 대한 존경을 표현하는 작품이었지요.

「오페라 가르니에 천장화」
1963-1964년, 캔버스에 페인트, 240㎡, 오페라 가르니에, 프랑스 파리

경쾌하고 눈부신 색의 조화, 날아다니는 사람들, 동물과 꽃과 악기가 보이지? 마르크 샤갈은 자기가 좋아하는 주제를 한데 모아 그렸어.

자세히 보면 파리를 대표하는 건축물인 에펠탑과 개선문도 찾을 수 있어!

1966년

예술가로 살다

마르크는 일흔아홉 살에 발렌티나와 함께 더 크고 좋은 집으로 이사했어요. 그는 여전히 전시를 자주 하고, 여행도 많이 다녔지요. 새로운 그림 주문도 끊임없이 받았어요.

마르크는 나이가 들어도 창의적이고 호기심이 많았어요. 늘 그림을 그리고, 판화를 만들고, 도자기를 빚고, 모자이크화와 스테인드글라스를 제작했어요. 여든일곱 살에는 랭스 대성당을 위한 작품을 만들었답니다.

마르크 샤갈은 **삶을 마칠 때까지 작업을 쉬지 않았어요.**
특히 돌판에 그림을 그려 찍어 내는 석판화*를 많이 작업했어요.
1985년 3월 28일, 그는 아흔일곱 살의 나이로 생폴드방스에서
아내 발렌티나가 지켜보는 가운데 세상을 떠났답니다.

2000년대

열정을 간직한 아트 슈퍼스타

마르크 샤갈은 세계적인 예술가로서 놀랍고 다채로운 작품을 남겼어요. 80여 년 동안 회화, 판화, 도자기 공예, 모자이크화, 스테인드글라스, 무대 미술과 의상까지 넘나들며 작업했지요. 다양한 분야에 관심이 많고 열의도 넘쳤답니다!

샤갈은 유대인 문화, 가족, 음악, 서커스, 동물을 주제로 현실을 꿈처럼
표현하기를 좋아했어요. 꿈속에서는 사람들이 날아다닐 수 있고,
염소나 닭이 노란색, 빨간색, 초록색이 될 수 있으니까요.

샤갈은 사랑과 예술에 **열정적**이었어요. 백 살 가까이 사는 동안
그 열정을 끝까지 잃지 않았답니다!

2000년대

샤갈의 작품을 볼 수 있는 곳

마르크 샤갈의 작품은 미국, 러시아, 프랑스, 네덜란드, 독일 등 세계 곳곳에서 볼 수 있어요. 프랑스에서는 니스의 마르크 샤갈 국립 박물관, 파리의 퐁피두 센터와 오페라 가르니에에 가면 그의 작품을 만날 수 있어요.

미국에서는 뉴욕 현대 미술관과 뉴욕 구겐하임 미술관, 시카고 아트 인스티튜트에서 그의 작품을 볼 수 있어요. 그리고 혹시 프랑스의 메스나 랭스에 가면 대성당에 들러서 샤갈의 아름다운 스테인드글라스를 꼭 감상해 보세요!